책 만드는 이야기, 들어 볼래?

바로 인쇄소야.
하얀 종이가 커다란 인쇄 기계에 들어갔다가
알록달록 그림과 글이 찍혀서 나와.
기장님이 인쇄 기계에 달린 여러 단추들을 눌러서 빛깔을 조절해.
디자이너와 나는 화가가 그린 그림이랑 견주면서 인쇄지를 살펴보지.
내가 뭐하는 사람이냐고? 나는 책 만드는 편집자야.

일과 사람
17 책 만드는 사람

책 만드는 이야기, 들어 볼래?

곰곰 쓰고 전진경 그림

사□계절

여기는 내가 일하는 출판사야. 책을 만들고, 꾸미고, 알리고,
파는 사람들이 일하고 있지. 편집자들은 여러 팀으로 나뉘어 일해.
우리 팀은 그림책을 만들어. 요즘은 '일과 사람'이라는 책들을 만들지.
책 만드는 일이라면 다 아는 것 같은 팀장님이랑
똑똑하고 명랑한 예진 선배랑 함께 만들어.
나는 막내인 혜지야. 어릴 때는 아빠한테 옛이야기 듣는 걸 좋아했어.
지금은 그림책 읽는 게 더 좋아.

우리 셋은 성격도 다르고
좋아하는 것도 달라.
책을 좋아하는 건 똑같지.

네, 다녀왔어요!

나는 작가 작업실 구경하는 게 좋더라.
온갖 그림 도구들이 널려 있는 책상도 신기하고,
벽에 붙은 그림을 보는 것도 좋아.
전진경 선생님 작업실은 재미난 게 참 많네.
한의사 책을 만드는 작업도 재미나게 하면 좋겠어!
선생님은 내가 미리 보낸 기획서를 꼼꼼히 읽어 보았대.
우리 이웃들이 일하면서 살아가는 이야기라는 게 마음에 들었대.
이 책을 어떻게 만들지 함께 의논했어. 첫 회의부터 마음이 척척 맞아.
먼저 한의사를 만나서 이야기도 듣고, 일하는 모습도 볼 거야.
취재를 잘해야 이야깃거리가 많아져.

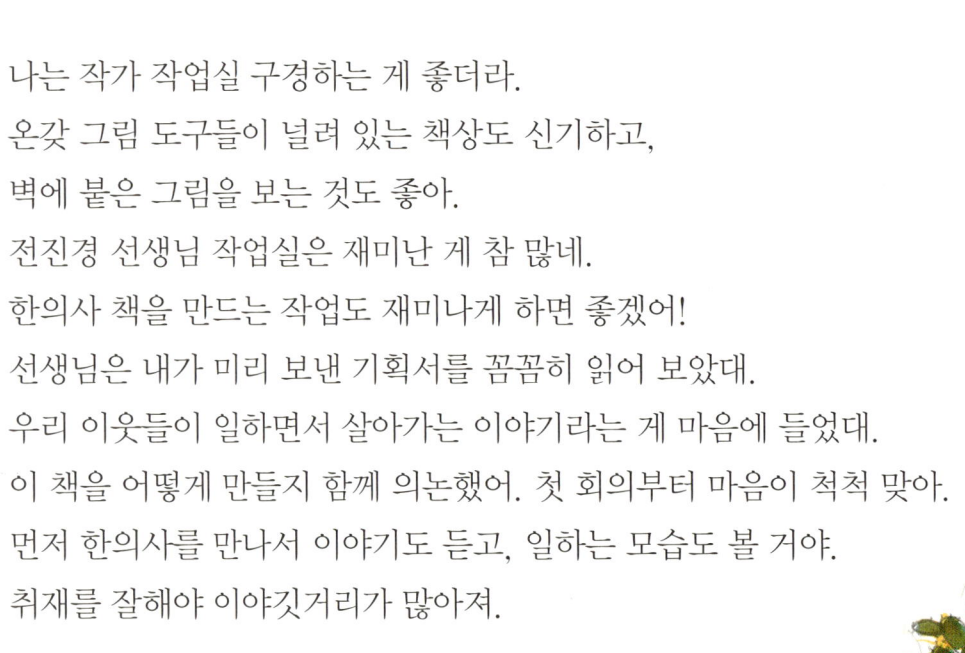

와, 고장 난 냉장고에 물감을 넣어 놨네.

기획서
책을 어떤 주제로 어떻게 만들지 계획을 적어 놓은 글이야.
누가 읽으면 좋을 책인지, 왜 만들어야 하는지도 적혀 있어.

혜지의 취재 수첩

환자들이 사진 찍히기를 부끄러워했다.
할 수 없이 내가 치료받았다.
어깨가 늘 아팠는데, 침을 맞으니 가뜬해졌다.

전진경 선생님은 취재를 즐겁게 한다.
묻고 싶은 것도 미리 준비해 온다.
작가는 취재하는 대상을 찬찬히 관찰하고
깊이 이해해야 한다. 그래야 어린이들도
책을 읽을 때 눈앞에서 보고 들은 것처럼
느낄 수 있다. 그런데 한의학은 참 어렵다. 사람 몸 안에 우주가 들어 있다니! 자연의 이치에 맞게
치료한다고? 전진경 선생님은 취재를 계속하면서, 따로 더 공부를 하겠다고 한다.

흐음, 책 냄새. 나는 책들이 가득한 이곳이 참 좋아.
한의학에 관한 책을 찾으러 왔어.
작가가 쓰고 그린 글과 그림을 원고라고 해. 편집자는 원고가
잘 짜였는지 검토해. 재미있는지, 틀린 내용은 없는지도 꼼꼼히 봐.
그러니 공부를 많이 해야 해. 책도 읽고, 신문 기사도 찾아보고,
인터넷도 뒤지고, 텔레비전에 나온 다큐멘터리도 많이 봐.
그런데 한의학에 관해서 쉽게 설명한 책이 별로 없네.
아이고, 한자는 왜 이렇게 많아.

한여름이야. 날이 뜨거워졌어.
작가 선생님이 취재를 마치고
드디어 이야기를 짜 왔어.
그림을 보자마자 깔깔깔 웃음이 나왔어.
한의사 선생님이 정말 똑같아.
작은 공간에서 일어나는 일을 어쩜 이렇게
아기자기한 이야기로 만들었을까?
그렇지만 아직 다 된 건 아니야.
편집자와 작가가 머리를 맞대고 의논해서
이야기 순서를 바꾸기도 하고,
비슷한 이야기끼리 모으기도 해.
너무 복잡한 건 중요한 내용만 뽑아내.
이야기를 더 짜임새 있게 만드는 거야.

작가 선생님은 그림을 여러 차례 고치고 다듬었어.
편집자들 의견을 참고해서 더 재미있게 짰어.
여름이 끝나갈 무렵, 밑그림과 글 원고가 완성됐어.
나는 그림들에 글을 얹고 풀로 붙여서
책 모양으로 만들어 봐.
책을 보듯이 넘겨 보면 더 잘 보이거든.
더 고칠 데나 틀린 건 없는지 확인할 거야.
색칠하고 나면 고치기가 힘드니까
미리 잘 봐야 해.

선배 언니네 집에 왔어. 놀러 온 건 아니야.
언니 딸 연우한테 우리 원고를 읽어 달라고
부탁하러 왔어. 어렵지는 않은지,
모르는 낱말은 없는지, 재미있는지 물어봐야지.
이렇게 나를 도와주는 어린이들이 여럿 있어.

바쁘다 바빠!

책이 다 착착 만들어지면 좋겠지만,
갑자기 곤란한 일이 생기기도 해.
전화할 일도 많고, 여러 자잘한 일들도 많지.

"책들아, 어린이들한테 사랑 많이 받아야 한다, 엉엉."

앗, 어떡해. 경찰 책 그림이 거의 다
되었는데, 경찰 제복이 바뀌었어. 순찰차도
새로운 게 나왔대. 옷이랑 차를 다시 그려야 해.
서둘러 경찰서에 가서 새 옷과 차 사진을 찍었어.

김나비 선생님이 교통사고를 당했대.
많이 다쳐서 병원에 입원했어.
그림을 조금만 그리면 끝나는데.
책 내는 날을 석 달 뒤로 미루어야겠어.

"아이고, 큰일 났다."

"영양 많은 것 많이 먹고 빨리 나으세요."

김토끼 선생님이 글 원고를
보내왔어. 아이고, 이거 어쩌나.
글이 너무 재미가 없는걸.
이야기랑 정보가 잘 섞여
있어야 하는데, 정보만 보여.
어린이들이 이해하기
어려운 설명도 많아.
하나하나 짚어서 말해야겠어.

"그림은 참 재미있는데……"

어린이 잡지사에서 오늘까지 글을 써 달랬는데, 못 했어! 우리 책이 어떤 책인지, 어떻게 만들어지는지 써야 하는데, 너무 바빴어. 잡지사에 연락해서 하루만 시간을 더 달라고 해야겠어.

마감에 쫓기는 작가들 마음을 알겠어, 엉엉.

취재할 곳을 찾는 것도 쉽지 않아. 우리가 이야기하고 싶은 내용하고 딱 맞는 곳을 찾아야 하거든. 어렵게 찾아내도, 그쪽에서 취재를 허락하지 않을 때도 있어.

아…… 예……

어린이들한테 꼭 필요한, 아주 좋은 책이네요.

그런데 저희는 취재가 어렵겠어요. 너무 바빠서요.

맨날 바쁘기만 한 건 아니야. 오늘은 전시회를 보러 가. 외국의 이름난 그림책 작가가 전시회를 한대. 우리나라에 왔을 때 냉큼 봐야지. 이것도 다 공부라고. 가는 길에 서점도 들러야겠어. 새로 나온 책들도 구경하고, 우리 책이 잘 놓여 있는지도 봐야지.

소풍 가는 거 같다, 랄라.

"선생님, 어서 오세요!"
오늘은 날아갈 것처럼 기분이 좋아.
콧노래가 절로 나오고
덩실덩실 춤이라도 추고 싶어.
드디어 한의사 책 그림이 들어왔거든!
우리는 그림 들어오는 날 가장 신이 나.
작가 선생님을 처음 만난 날이 엊그제 같은데,
벌써 계절이 몇 번 바뀌었어.

애고,
십 년 늙었네.

이제 다 끝난 거냐고?
아니야. 이제부터는 우리가
더 일할 차례야.
자자, 정신 차리고! 그림을 고칠 데는
없는지 꼼꼼히 살펴보자.

그림을 인쇄해서 책으로 만들려면 컴퓨터 파일로
바꾸어야 해. 이렇게 하는 걸 원색 분해라고 해.
작가가 그린 원그림의 빛깔을 고스란히 살려 내야 해.
파일을 만드는 건 스캐너가 하지만,
사람이 빛깔을 조절해야 원그림처럼 돼.
김 실장님은 이 일을 오랫동안 해 왔어.
이번 그림은 원색 분해하기 까다롭다고 투덜거리더니,
잘해 주셨네.

그림 파일이 다 되면 글 원고와 함께 디자이너 연석 씨한테 보내.
연석 씨가 글과 그림을 읽기 좋고 보기 좋게 자리를 잡아 줄 거야.
글씨 모양이나 크기도 정하지. 그림에 딱 어울리는 디자인을
하기가 쉽지 않아. 연석 씨는 그림을 잘 이해하는 디자이너라서
참 좋아. 그림 원고를 만들 때도 도움 되는 의견을 많이 냈지.
디자이너랑 편집자가 의견이 잘 맞는 것도 복이라니까.
책 나오기까지 앞으로 두 달 동안 함께 고생합시다.

점심시간이야. 밥 먹고 남는 시간에는
산책을 하거나 자전거를 타. 책상 앞에 앉아
일하는 시간이 많아서 몸이 찌뿌둥해.
그래서 틈날 때마다 몸을 움직이려고 해.
내 자전거 이름은 유자야. 내가 날마다
출근하는 길인 '자유로'에서 따왔어.
자유를 거꾸로 하면 유자, 히히.

오늘같이 맑은 날에는
자전거 타고 어디로 놀러 가고 싶어.
아주 바쁠 때는 이런 즐거움도 누리지 못해.
어머, 저기 틀린 글자 있네.

우리 편집자들은 지나가다가 간판만 봐도 틀린 글자가 보여.
그렇다고 틀린 글자를 다 아는 건 아니야. 헷갈리는 것도 많거든.
그래서 맞춤법 공부도 하고, 국어사전도 열심히 찾아봐.

국어사전

틀린 글자 찾는 것만큼
중요한 게 있어. 어린이들은
책을 읽으면서 자연스레
우리말을 배우게 돼. 이야기책을
읽든 과학 책을 읽든 말이야.

그래서 늘 **깨끗한 우리말,
올바른 문장**을 보여 주려고 애써.

어린이 책 원고를 손볼 때는

쉬운 말을 쓰려 애써.

어려운 말을 쓴다고 멋있는 게 아니야.
내가 하는 말을 남이 알아듣는 게 중요하잖아.
어려운 말은 어른들 공부하는 책에서 쓰면 돼.
책에만 나오는 딱딱한 말 대신,
우리가 평소에 입으로 하는 말을 써.

너무 긴 문장도 안 돼.

어른이 꾸중을 너무 길게 하면
다 알아듣기 힘들지?
글도 마찬가지야.

우리말인 줄 알았는데 일본 말에서 온 낱말도 많아.
어려운 한자 말이나 영어로 된 말도 많지.
이런 것들을 되도록 우리말로 바꿔.

말은 자꾸 써야 살아남아.

안 쓰면 없어지기도 하거든.
우리말이 없어지는 건 싫잖아.

책은 재미있어야 한다고 생각해. 깔깔 웃음이 나는 책만 말하는 건 아니야.

★ 읽었는데 또 읽고 싶은 책,

다른 책도 읽어 보고 싶어지는 책이 재미있는 책이야.
어린이들이 책이랑 친해졌으면 좋겠어. 책을 읽으면서
신나는 모험도 즐길 수 있고, 몰랐던 것도 배울 수 있어.
옛날로도 갈 수 있고, 미래로도 가 볼 수 있지.

다 보고 나한테 줘.

디자이너가 첫 교정지를 보내왔어.
책이 벌써 다 된 것처럼 기분이 좋아.
하지만 이제 시작일 뿐이야.
교정지를 서너 번은 내서
고치고 다듬어야 책이 되거든.
어우, 여기는 글이 너무 많아서
그림을 가리네. 글을 좀 줄이자.
응? 다 중요한 얘기라서 뺄 말이 없네.
그림 자리를 조금 옮겨야겠어.
엇, 여기는 그림이 좀 허전한걸.
배경을 더 그려 달라고 할까?
책 제목도 얼른 정해야 해.
내일 제목 회의를 하자고 해야겠어.

교정지
디자이너가 글과 그림을 앉혀서
디자인한 걸 인쇄한 종이야. 이걸 보면서
틀린 걸 바로잡아서 표시해.
그러면 디자이너가 고쳐.

디자이너가 표지를 여러 개 만들어 왔어.
여러 사람이 보고 의논해서 하나를 고를 거야.
표지는 책의 얼굴이야. 제목이 잘 보여야 하고,
무슨 책인지 한눈에 드러나야 해.
표지를 고르고 나면 영업부와 회의를 할 거야.
책을 독자들한테 어떻게 알리고 팔지 영업자가
계획을 세우거든. 책을 만드는 것만큼 중요한 일이야.
어, 제작부 박 과장님이다. 인쇄 날짜를 정했나 봐.

영업부 김 과장
우리가 만든 책을 서점에 보내서
팔도록 해. 책을 널리 알리는
일도 하고, 행사도 마련하지.

제작부 박 과장
편집자가 편집을 마치면, 제작부는 인쇄소와 제책소를 거쳐 책이 되는 과정을 맡아.

하암, 졸려.
편집이 끝날 때쯤에는 밤늦게까지 일해서 피곤해.
책이 나올 날짜를 맞추려면 늦게까지 일하게 되더라고.
오늘은 인쇄 바로 전에 마지막으로 확인하는 날이야.
몇 차례나 봤지만 그래도 잘못된 것이 없나 꼼꼼히 봐.
오늘 못 찾으면 책에도 틀린 게 실리는 거라고.
너무 집중하다 보니, 허리도 아프고 머리도 아프네.
이럴 때는 체조를 한바탕 해.
아고고고고, 무릎에서 뚝 소리가 나네.
내일이면 인쇄소로 보낼 수 있으니까, 힘내자!

와와, 드디어 책이 나왔어!
책을 보자마자 표지부터 맨 뒷장까지 샅샅이 봐.
인쇄도 잘되고, 어디 하나 안 예쁜 데가 없네!
내일이면 책이 서점에 나갈 거야.
나도 저녁 때 서점에 들러 봐야지.
사람들이 우리 책을 좋아할지 궁금해.

어릴 때부터 나는 책이 참 좋았어.
책뿐만 아니라 글자라면 보는 대로 읽었어.
과자 봉지에 있는 글자까지 몽땅 읽었지.
그리고 자라서 어린이 책을 만드는 사람이 되었어.
지금도 재미있는 그림책을 만나면 읽고 또 읽어.
읽을 때마다 새로운 것들이 보이거든.
나도 그런 책을 만들고 싶어.

글자는 어떻게 만들어졌을까?

아주 오랜 옛날에는 글자가 없었어. 글자가 없던 시대가 있는 시대보다 훨씬 길어. 글자 없이 사는 건 불편했어. 말은 입에서 소리로 나오자마자 사라지잖아. 사람들은 말이나 생각을 남길 방법이 필요했어. 그래서 글자를 만들기 시작했어.

모양을 본떠 만든 글자

글자는 그림에서 시작됐어. 나무를 쓰고 싶으면 나무를 그리고, 사람을 쓰고 싶으면 사람을 그렸어. 그런데 저마다 다르게 그리면 알아보기 어렵잖아. 그래서 나무는 이렇게 그리고, 사람은 저렇게 그리자고 약속을 정했어. 그게 글자의 시작이야.

지금으로부터 5000년 전쯤에 수메르 사람들이 글자를 가장 먼저 만들었어. 100년쯤 지나서 이집트에서도 글자를 만들었지. 1500년쯤 지나 히타이트와 중국에서도 글자를 만들었어. 글자들이 다 다르지만 모두 그림처럼 예쁘지? 그런데 이 글자들은 쓰는 데 시간이 오래 걸렸어.

  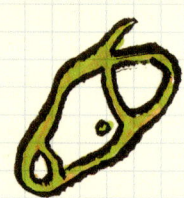 

수메르　　　이집트　　　히타이트　　　중국

모두 '양'이라는 글자야.

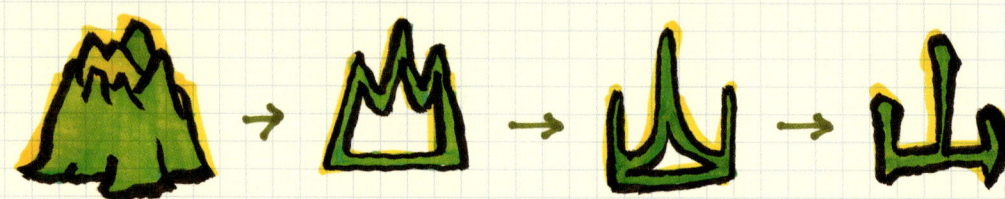

'산'이라는 중국 글자는 이렇게 바뀌었어.

소리를 적는 글자

모양을 본떠서 만든 글자들은 글자 수가 너무 많아. 중국 글자인 한자는 5만 자나 된다고. 세상에 있는 사물만큼 글자가 필요해. 그러니 글자를 배우는 데 시간이 오래 걸려. 글자 수가 적으면서도 모든 것을 쓸 수 있는 글자가 필요했어. 그래서 사람들은 소리를 적는 글자를 만들기 시작했지. ㄱ, ㅏ, a, b처럼 말이야.

페니키아 사람들은 이집트 글자를 더 단순하게 바꾸어서 소리 글자를 만들었어. 이 글자들이 영어 알파벳의 조상이야. 몇천 년에 걸쳐서 조금씩 다듬고 고쳐서 지금의 알파벳이 만들어진 거야. 알파벳 첫 글자 A는 아무 뜻이 없어. '에이'나 '아'나 '애' 같은 소리를 표시할 뿐이지.

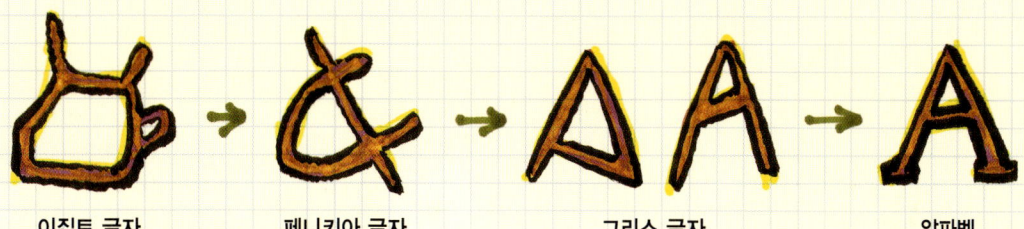

이집트 글자   페니키아 글자   그리스 글자   알파벳

가장 독창적인 글자, 한글

우리 한글은 늦게 만들어졌어. 겨우 500년 전에 만들어졌거든. 그 전에는 중국 글자를 썼어. 우리말에 맞지 않아 불편한 점이 많았지. 그래서 세종대왕과 집현전 학자들이 쉽고 편리한 우리 글자를 만들었어. 닿소리는 말소리를 내는 입과 목에서 모양을 따왔어. 입술 모양을 본떠 ㅁ을 만들고, ㄴ은 혀, ㅅ은 이, ㅇ은 목구멍 모양을 본떴어. 홀소리는 하늘, 땅, 사람을 나타내는 ·, ㅡ, ㅣ의 모양을 이리저리 합쳐서 ㅏ, ㅓ, ㅗ, ㅜ 들로 만들었어. 이렇게 만든 글자로 말과 소리를 거의 다 적을 수 있어. 글자 수가 24개뿐이니까, 배우기도 쉽지. 그래서 우리나라에는 글자 모르는 사람이 아주 적어.

맨 처음 책은 어떻게 생겼을까?

책은 글이나 그림이 인쇄된 종이를 가지런히 묶은 거야. 하지만 처음부터 이런 모습은 아니었어. 사람들은 글자를 써서 남기고 전하려고 여러 방법을 썼어. 지금 같은 책을 만들기까지 아주 오래 걸렸지.

흙도 풀도 나무도 책이 되었어

진흙판
글자를 가장 먼저 만든 수메르 사람들은 진흙판에 글자를 새겼어. 진흙을 알맞은 크기와 모양으로 빚어서 나무나 뼈로 글자를 꾹꾹 눌러서 썼지.

진흙판에 쓰기 좋게 글자 모양이 곧은 선으로 바뀌었어.

파피루스
이집트에서는 '파피루스'라는 식물에다 글씨를 썼어. 파피루스 종이는 뻣뻣하고 약했어. 하지만 나일강 둘레에는 파피루스가 얼마든지 자라고 있었기 때문에 종이 대신 오랫동안 썼어.

파피루스 줄기를 쪼개고 말리고 가로세로로 엮고 붙여서 종이처럼 만들었어.

양피지
파피루스가 나지 않는 나라에서는 양의 가죽을 썼어. 양피지라고 해. 부드럽고 질겨서 글씨 쓰기가 좋았어. 서양에서는 파피루스 대신 양피지를 쓰는 나라가 더 많아졌지.

대나무
중국에서는 거북 등딱지나 동물 뼈, 돌판에 글자를 새기기도 했어. 비단에도 썼지만 비단은 비싼 옷감이라 많이 쓰지 못했어. 가장 많이 쓰인 건 대나무나 나무야. 나무가 무거우니까 긴 내용을 쓰기는 어려웠지.

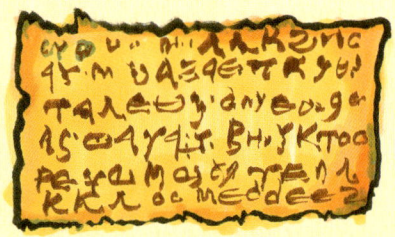

양피지는 만들기가 어려워서 비쌌어.

나무를 얇게 쪼개어서 글자를 썼어.

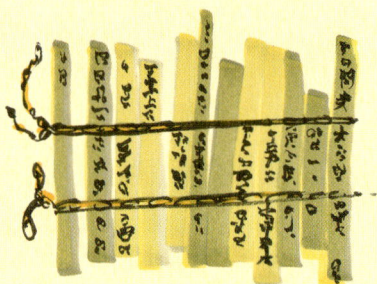

종이
2000년쯤 전에 중국 사람 채륜이 종이를 만들었어. 나무껍질과 낡은 헝겊 들을 물과 함께 절구에 넣고 찧은 다음 얇게 펴서 말렸지. 종이는 가볍고, 얇고, 질기고, 값싸고, 한꺼번에 많이 만들 수 있어. 서양에도 퍼져 나가서 1000년 뒤에는 온 세상이 다 종이를 썼어.

책을 묶는 방법을 찾아라!

처음에는 책을 둘둘 말아서 만들었어. 두루마리라고 해. 두루마리는 중간에 있는 글을 보려면 다 펼쳐야 했지. 동양에서는 종이를 병풍처럼 접어서 책을 만들었어. 한 장 한 장 넘기면서 볼 수 있고, 중간에 있는 것도 찾기 쉬웠지. 그런데 접은 쪽이 자꾸 닳아 찢어져서 책이 흩어지기도 했어. 그래서 사람들은 궁리를 해서 여러 방법으로 책을 묶었어. 그러다가 종이를 가지런히 쌓은 다음 한쪽 면을 붙여서 묶은 책이 나오게 된 거야. 지금의 책처럼 말이야. 차례와 쪽 번호도 달아서, 내용을 찾아보기가 쉬워졌지. 요즘은 컴퓨터 화면으로도 책을 읽을 수 있게 되었어. 전자책이라고 해. 전자책을 읽는 데 쓰는 기계도 따로 생겼어. 종이를 쓰지 않아도 되고, 무거운 책을 들고 다니지 않아도 돼. 하지만 눈이 쉽게 피곤해져. 종이처럼 펼치고 넘기는 재미도 없겠지?

누구나 책을 읽을 수 있어

예전에는 손으로 한 글자 한 글자 적어서 책을 만들었어. 그러니 책이 무척 귀하고 비쌌지. '쓰지 않고 찍어서 만들면 더 많이 만들 텐데!' 이런 생각으로 나무판에 글자를 새겨서 종이에 찍기 시작했어. 그러다 나무보다 단단한 금속으로 낱글자를 하나씩 만들어서 쓰게 되었어. 이걸 금속 활자라고 해. 이 금속 활자는 우리나라에서 가장 처음으로 만들었어. 굉장하지? 200년 뒤에 독일 사람 구텐베르크가 금속 활자로 인쇄하는 기계를 만들었어. 그 기계로 인쇄하면 책을 한꺼번에 몇백 권씩 만들 수 있었지. 종이와 인쇄 기술이 더욱 발전해서 많은 사람들이 더 쉽게 책을 읽을 수 있게 됐어. 책을 읽으면서 사람들은 지식과 정보와 생각과 경험을 나누었어. 그렇게 지혜를 모으고 쌓아 더 나은 세상으로 한 걸음씩 나아갔지.

작가의 말

문을 만드는 사람들

　작가들이 가장 두려워하는 게 뭔 줄 알아? 바로 편집자 전화야. 편집자들이 전화를 자주 할 때는 마감 날짜를 지나고 있을 때야. 받을까 말까 망설이다가 안 받은 적도 있어. 미안하기도 하고, 뭐라고 다그칠까 봐 떨리기도 하거든. 그런데 사실 편집자 전화는 눈 질끈 감고 받는 게 낫더라고.

　작가는 원고를 만들다가 꽉 막힐 때가 있어. 그럴 때 편집자한테 넋두리를 하다 보면 어느새 초조했던 마음이 누그러져. 의견을 주고받다 보면 막혔던 것을 푸는 실마리를 찾기도 해. 편집자는 작가를 응원해 주는 사람이거든.

　출판사에 가 보면, 편집자들은 여기저기 전화를 하고 있거나, 책상에 코를 박고는 빨간 펜으로 뭘 고치고 있었어. 어찌나 깐깐한지, 때로는 낱말 하나 가지고 몇 시간 동안 열띤 토론을 하더라고. 마감 때는 눈이 발갛고, 눈 밑에 그늘이 시커멓지. 이상한 사람들 같다고? 아니야. 생각보다 재미난 사람들이야. 뭘 읽는 걸 아주 좋아해서 별걸 다 알고 있거든. 만나서 이야기하면 깔깔 웃을 때가 많아.

　이 책을 만들면서 나는 처음으로 출판사 구석구석을 돌며 사진을 찍었어. 책상 위에 책이며 종이가 산더미처럼 쌓인 자리는 책 제작을 맡은 분 자리였어. 출판사 살림을 꾸리는 분도 처음 만났어. 서류 뭉치들로 둘러싸인 자리가 지저분하다고 부끄러워했지만, 얼마나 열심히 일하는지 알 수 있었지. 내가 쓰고 그린 책을 독자들 손에 전달하려고 애쓰는 영업자들 자리도 가 봤어. 빼곡하게 적혀 있는 일정표랑 영업 계획이 쓰여 있는 서류들도 보았지. 아, 이 책을 맡은 영업자는 내가 그린 그림처럼 배 나온 아저씨가 아니라 늘씬하고 씩씩한 언니야.

또 처음으로 인쇄소도 가 보았어. 커다란 인쇄 기계와 윙윙거리는 소리들, 잉크 냄새, 종이 냄새가 가득했지. 나는 인쇄 기계 단추만 누르면 저절로 인쇄가 되는 줄 알았어. 그런데 알고 보니 인쇄는 기장님이 섬세하게 빛깔을 맞추고 몇 번씩 조절해야 하는 일이었어.

내 그림을 컴퓨터 파일로 만드는 원색 분해실도 취재했어. 책에는 들어가지 않았지만, 인쇄된 종이를 접고 자르고 붙여서 책으로 만드는 제책소도 가 보았지.

책은 이렇게 전문가들이 함께 만드는 거야. 여러 전문가들과 함께 일을 진행하고 확인하는 사람이 편집자이고, 책을 만드는 처음부터 끝까지 모든 과정을 돌보는 사람이지. 아휴, 그러니 늘 깐깐하게 점검할 게 많지. 책을 좋아하지 않고서는 도저히 할 수 없는 일이더라.

나는 이번에 편집자들을 멋쟁이로 그려 주고 싶었어. 편집자가 드러나는 책은 별로 없거든. 이 책에서 근사하게 보여 주고 싶었지.

이 책에는 여러 가지 펜과 물감을 마구 섞어서 그려 보았어. 아주 비싼 물감부터 오래된 싸인펜과 볼펜까지 두루 썼어. 그리고 오려서 붙이는 걸 많이 했어. 종이는 메모지나 공책, 색지랑 낡은 갱지도 썼지. 칠하는 것 대신 테이프를 붙이기도 했어. 그림을 그리는 내내 나는 모험과 실험을 계속한 거야. 여러 사람과 여러 가지 일을 하면서 여러 책을 만드는 편집자에 딱 어울리지?

이 책을 읽은 어린이들은 이제 책 한 권에 정성을 쏟는 여러 사람들을 떠올릴 수 있을 거야. 지금도 어디에선가 편집자들이 원고를 보고, 작가를 만나고, 영업자들은 서점에 나가 있을 거야. 이야기와 과학, 철학, 역사와 예술의 세계로 들어가는 문을 만들기 위해서 말이야. 그 문이 뭐냐고? 뭐긴 뭐야, 책이지!

그린이 전진경

글 **곰곰**
어린이 책을 쓰고, 기획하고, 편집하는 사람들이 모여 있습니다. 어린이들에게 꼭 필요한 책이 무엇일까 곰곰이 생각하고, 정성을 다해 꼼꼼히 만들고 있습니다. 어린이와 동물과 숲과 강이 행복해야 좋은 세상이라고 믿고 있습니다. 『내가 만든 옷 어때?』에 글을 쓰고, '일과 사람' 시리즈를 기획, 편집하였습니다.

그림 **전진경**
어릴 때부터 호기심이 많았습니다. 지금도 세상과 사람에 대한 호기심으로 가득 차, 사람들을 만나서 이야기 듣고 물어보는 걸 좋아합니다. 이야기가 깃든 오래된 물건도 좋아합니다. 만나고 보고 듣고 느낀 것들을 그림으로 그려서 전시회도 여러 차례 했습니다. 홍익대학교에서 동양화를 공부했습니다. 『맥을 짚어 볼까요?』를 쓰고 그렸습니다. 그린 책으로는 『옷』『그림』『쇠』『코가 늘어났어요』들이 있습니다.

일과 사람 17 책 만드는 사람

2013년 9월 30일 1판 1쇄
2020년 8월 31일 1판 6쇄

ⓒ곰곰, 전진경 2013

글·그림 : 전진경 | 기획·편집 : 곰곰_전미경, 심상진, 안지혜 | 디자인 : 권석연, 남경민 | 편집관리 : 그림책팀 | 제작 : 박홍기
마케팅 : 이병규, 이민정, 최다은 | 홍보 : 조민희, 강효원 | 출력 : 한국커뮤니케이션 | 인쇄 : 코리아 피앤피 | 제책 : 책다움
펴낸이 : 강맑실 | 펴낸곳 : (주)사계절출판사 | 등록 : 제406-2003-034호
주소 : (우)10881 경기도 파주시 회동길 252
전화 : 031)955-8588, 8558 | 전송 : 마케팅부 031)955-8595 편집부 031)955-8596
홈페이지 : www.sakyejul.net | 전자우편 : picturebook@sakyejul.com
블로그 : skjmail.blog.me | 페이스북 : facebook.com/sakyejulpicture
트위터 : twitter.com/sakyejul | 인스타그램 : sakyejul_picturebook

값은 뒤표지에 적혀 있습니다. 잘못 만든 책은 구입하신 서점에서 바꾸어 드립니다.
사계절출판사는 성장의 의미를 생각합니다. 사계절출판사는 독자 여러분의 의견에 늘 귀 기울이고 있습니다.
이 책은 저작권법에 따라 보호받는 저작물이므로 무단전재와 무단복제를 금합니다.

ISBN 978-89-5828-690-5 74370 ISBN 978-89-5828-463-5 74370(세트)

이 책의 국립중앙도서관 출판시도서목록(CIP)은 다음 홈페이지에서 이용할 수 있습니다. http://www.nl.go.kr/ecip CIP제어번호:CIP2013017492